LE NŒUD GORDIEN

LE
NŒUD GORDIEN

LÉGITIMITÉ OU RADICALISME

PAR

A. DE BÉCHADE

BORDEAUX

IMPRIMERIE NOUVELLE A. BELLIER

16, RUE CABIROL, 16

1873

LE NŒUD GORDIEN

I

Tout le monde est las du provisoire. L'audace des méchants s'accroît de sa prolongation ; l'action des honnêtes gens en est paralysée ; tout en souffre, et chaque jour de retard rend plus difficile le rétablissement définitif du bien.

Une prospérité factice voile à peine la fragilité d'un gouvernement suspendu sur un abîme : le moindre choc peut l'y précipiter.

Dans ces graves conjonctures, transformer en réalité une fiction de république, créer ce qu'ils appellent une République conservatrice semble à quelques empiriques un remède infaillible pour nous guérir de tous nos maux. Ils oublient qu'on ne crée pas l'ordre avec le désordre ; que la République en France a toujours été le prête-nom de l'anarchie ; que ces deux termes : *Conservation* et *République* s'excluent ; que M. Thiers et son gouvernement seront eux-mêmes emportés par le courant qu'ils se flattent en vain de maîtriser, et que, M. Thiers disparu, c'est l'anarchie qui se montre de nouveau avec toutes ses fureurs et tous ses dangers.

Une République conservatrice est une pure utopie ! C'est le rêve d'une ambition en délire, l'illusion égoïste d'hommes qui, n'ayant jamais considéré le pouvoir comme une charge, ne cessent de le poursuivre comme une proie.

Comment se fait-il, néanmoins, que le provisoire malgré ses dangers, la République malgré les dégoûts qu'elle inspire, et enfin M. Thiers, malgré ses caprices et ses compromettantes alliances, soient subis si longtemps par des hommes qui n'ont rien de commun avec les républicains?

Serait-il vrai, ainsi qu'on l'assure, que ces mêmes hommes, sourds aux leçons du passé, aux avertissements de l'avenir, voudraient refaire 1830? que derrière le provisoire qu'ils savent bien ne pouvoir durer, ils entreverraient la possibilité d'un retour à une quasi-légitimité, prologue d'une irrémédiable anarchie? Pareille entreprise serait insensée; de plus, elle assumerait sur ses auteurs une terrible responsabilité, car, en poursuivant cette chimère, ils perpétueraient les divisions du parti conservateur et causeraient ainsi la ruine irréparable de la Monarchie et de la France.

Mais d'ailleurs, ont-ils réfléchi suffisamment sur les chances de succès et de durée que rencontrerait leur nouvel établissement? Sur quoi s'appuierait-il? Qui invoquerait-il afin de lui venir en aide? Serait-ce la légitimité? ils en renient le principe; le suffrage universel? il leur est hostile; les circonstances? elles se retournent contre eux. S'il est une nécessité universellement démontrée, évidente, c'est celle de s'unir pour tenir tête aux ennemis du dedans et du dehors.

L'expérience les a déjà condamnés. Le trône élevé le 9 Août comme une digue infranchissable contre le flot de la Révolution n'a pu résister à ses fureurs un instant contenues ; il s'est soulevé avec un redoublement de violence et l'a brisé : il devait en être ainsi.

Ce n'était pas sur le roc solide de la légitimité, mais sur le sol mouvant de la Révolution que ce trône avait été construit.

Dès qu'on se place sur un terrain monarchique, il est difficile à un esprit logique de ne pas admettre le droit du comte de Chambord; aussi ce droit n'est-il pas contesté en principe. Mais ces mêmes hommes qui l'admettent ne sont pas logiques jusqu'au bout : ils s'arrêtent devant les obstacles qui, d'après eux, s'opposent invinciblement à la reconnaissance d'un droit incontestable et incontesté. « Des obstacles insurmontables, disent-ils, leur apparaissent dans les répugnances très sérieuses, très violentes, très passionnées de l'opinion publique. »

Avant de répondre à l'argument principal, analysons cette prétendue unanimité de l'opinion publique. Que les républicains et les bonapartistes soient hostiles au comte de Chambord, c'est une thèse que nous n'avons pas à examiner ; mais qu'ils soient plus favorables aux d'Orléans, nous avons quelque raison d'en douter. Faut-il, en outre, compter pour rien dans la balance de l'opinion publique les partisans de la légitimité, et surtout ce qu'on est convenu d'appeler l'élément fusionniste, plus nombreux, plus influent qu'on ne le suppose et dont les forces s'accroissent chaque jour ? Qui donc ignore que les serviteurs les plus éminents du roi Louis-Philippe : les Duchâtel, les Dumon, les Salvandy, les Sauzet avaient compris qu'il n'y avait de salut pour la France que dans le retour à la légitimité, et que beaucoup d'amis dévoués de la famille d'Orléans partagent les mêmes sentiments ?

En tenant compte de ces divergences et de ces nuances, on voit de suite s'évanouir ce fantôme de l'opinion publique qui se dressait comme un épouvantail devant le retour du comte de Chambord.

On nous dit en second lieu : les orléanistes, plutôt que d'aller à la légitimité, retourneront à l'Empire où à la République. Cet argument, que je ne discute pas, prouve sans réplique que dans tous les cas les orléanistes ne tiennent guère aux d'Orléans ; puis, pour retourner à l'Empire, il faudrait que l'Empire revînt à eux ; et quant à la République, c'est une ornière dans laquelle nous avons tous versé, et il me semble que pour tous il est grandement temps d'en sortir, si on ne veut pas y rester définitivement embourbé.

Nous examinerons bientôt à fond, et nous réduirons à leur

juste valeur ces antipathies, ces aversions, qui ne reposent, on est forcé de l'avouer, que sur des erreurs et des préventions. Mais auparavant, et quelque répugnance que nous éprouvions à nous y arrêter, il nous est impossible de ne pas formuler en quelques mots notre avis sur l'étrange moyen proposé pour lever les obstacles qui s'opposent à la réconciliation des amis de la monarchie : ce moyen serait l'abdication du comte de Chambord en faveur du comte de Paris.

Examinons les cas où une abdication peut être utile et même devenir nécessaire.

C'est lorsqu'un monarque a donné lieu à de graves sujets de plainte, est atteint de quelque infirmité mentale ou physique, ou se trouve séparé de son peuple par des divergences si profondes qu'il lui est impossible de le gouverner.

Mais Henri V a-t-il régné? A-t-il commis des fautes? A-t-il quelque infirmité de corps ou d'esprit qui le mette dans l'impossibilité d'agir? S'est-il un seul instant écarté, dans ses actes, dans ses démarches, d'une réserve hautement appréciée par tous les partis? Non, assurément ; il ne se trouve donc placé dans aucune des circonstances où une abdication peut être réclamée au nom de l'intérêt public. L'abdication d'Henri V n'étant ni utile ni nécessaire serait injuste ; mais surtout il est facile de démontrer qu'elle mettrait la société gravement en péril.

L'abdication d'Henri V serait un danger social parce que la clef de la voûte de la monarchie, c'est la légitimité; l'ébranler, c'est nuire à la solidité de tout l'édifice. Ce n'est pas à déplacer la légitimité, c'est au contraire à la sceller avec un ciment indestructible sur sa véritable base que doivent s'attacher tous les honnêtes gens.

La barrière de la légitimité abaissée, les passions anarchiques se précipiteraient par l'issue imprudemment ouverte devant elles ; rien ne les arrêterait, elles emporteraient sur leur passage institutions, gouvernement et propriété.

L'abdication du droit légitime, du droit monarchique, serait pire qu'une faiblesse : elle serait une trahison; elle deviendrait le signal et le point de départ d'universelles défaillances, de l'abdication de la société tout entière réclamée au nom du même principe de satisfaction aux préjugés invoqué contre le droit monarchique et le retour d'Henri V.

Le mur mitoyen qui sépare la république conservatrice de la république radicale s'écroulera bientôt. Revenir à la légitimité ou retomber plus profondément dans l'anarchie, telle est la seule alternative que nous puissions choisir.

Ce fut une lourde faute, en 1830, de rompre le fil de l'hérédité monarchique, au mépris de cette vieille loi salique, au maintien de laquelle la France a dû tant de siècles de gloire et de prospérité. Hâtons-nous d'y revenir. Dans nos crises politiques, la violation de cette loi tutélaire a toujours été une cause d'alarmes; le retour à son observation aura des effets diamétralement opposés.

Aucune utilité, aucune nécessité, aucune raison n'exigeant l'abdication d'Henri V; cette abdication exposant en outre la France à des maux incalculables, loin de la demander, c'est à la repousser avec énergie que doivent s'employer le zèle et les efforts d'un patriotisme éclairé.

II

Henri V n'est point un prétendant, c'est un principe.

Un ambitieux vulgaire n'a en vue que le pouvoir. Voies tortueuses de l'intrigue, basse complaisance, ruses, déguisements, compromis de toute couleur et de toute nature, rien ne l'arrête, rien ne lui coûte pour y arriver. Ces moyens équivoques sont indignes de l'honnêteté du principe que représente

Henri V. Ce n'est pas comme un vil forban, en cachant son pavillon, c'est enseignes déployées qu'il veut entrer au port.

Le roi ne veut tromper personne.

Si la conscience publique était moins faussée, ce ne serait pas d'injustes récriminations, mais un concert d'éloges qui retentirait pour louer en lui une rare justesse d'esprit, une admirable netteté de parole et un bon sens pratique qui le caractérisent à un si haut degré.

Au milieu de l'incessante mobilité des esprits, on le remercierait de n'avoir jamais varié. On ne saurait trop admirer la rectitude de ses jugements, la finesse de ses prévisions que les événements sont toujours venus confirmer. Quand, de tous côtés, les ruines jonchent le sol et menacent de transformer notre pays en chaos, on serait saisi de reconnaissance devant l'inébranlable fermeté d'un prince qui, presque seul contre tous, a défendu le principe sauveur des sociétés.

Ce principe tutélaire des sociétés, c'est la légitimité. La légitimité est essentiellement opposée à l'usurpation. Donc, la Révolution, qui a usurpé tous les droits, est essentiellement opposée à la légitimité, qui veut restaurer tous les droits. Donc, Henri V, représentant de la légitimité, ne peut pas être le roi légitime de la Révolution. Donc, il ne peut vouloir que la Révolution s'assoie à son côté sur le trône, et, acquérant une force nouvelle par le fait de la légitimité, s'en serve pour continuer ses usurpations au détriment de l'ordre et de la vraie liberté.

Henri V a-t-il raison de parler ainsi? M. Guizot a répondu à cette question, lorsqu'il a caractérisé en traits de génie l'esprit révolutionnaire de 89 et signalé en quelque sorte au successeur de Louis XVI l'écueil sur lequel le roi-martyr avait vu échouer ses plans réformateurs.

« Ce n'est point l'esprit de justice et de liberté, c'est l'esprit révolutionnaire qui, par violence et par ruse, s'est saisi alors de la France, s'est dressé devant Louis XVI et a rendu vaines les meilleures dispositions, et impossible tout concert sincère et efficace entre le peuple et son roi. » Ainsi parle M. Guizot, et il ajoute : « Ce n'est pas dans telles ou telles fautes de résistance, ou faute de concessions qu'il faut chercher le secret de ses infortunes et des nôtres; ce secret est tout entier dans la situation radicalement impossible qu'en 1789 on faisait au roi en voulant qu'il se fît *l'instrument d'une Révolution*. Une Révolution pour tout détruire et tout reconstruire au gré des pensées et sous le vent des passions humaines, c'est un suicide accompli dans le fol espoir d'accomplir soi-même sa restauration. »

Henri V se présente comme le restaurateur de l'ordre moral et politique de son pays; il ne veut pas se prêter à son suicide; il ne veut pas consommer sa ruine en devenant *l'instrument d'une Révolution.*

Aucun mot n'a donné lieu à autant d'interprétations que le mot de *Révolution.*

Ainsi, dans l'intérêt d'une popularité utile à ménager, et pour faire prendre le change à l'opinion, une certaine école distingue une bonne et une mauvaise Révolution; à celle-ci elle attribue des bienfaits et des réformes qu'elle est incapable de produire; à celle-là les conséquences trop compromettantes du principe révolutionnaire, les rejetant sur une sorte de fatalité dont personne n'aurait à encourir le blâme et la responsabilité.

Depuis quelques années, des travaux analytiques et consciencieux ont été entrepris sur cette époque confuse de 89; on commence à séparer l'or fin des réformes du poison corrosif de la Révolution. Ses prétendues conquêtes et ses immortels principes sont passés au crible de la critique et appréciés à leur juste valeur. Un écrivain fort impartial, M. Montégut, n'a pas craint d'affirmer, dans la *Revue des Deux-Mondes*, que la banqueroute de la *Révolution française était désormais un fait accompli, irrévocable, et qu'il n'était pas un seul de ces principes qui n'ait engendré le contraire de lui-même, et produit la conséquence qu'il voulait éviter.*

Un rapide examen nous en convaincra.

La Révolution a été la négation du Christianisme et de ses dogmes sur l'homme et la société. « Ecrasons l'infâme, » c'est-à-dire le Christianisme, répétait sans cesse Voltaire, ce patriarche de la Révolution. Le Christianisme représente l'homme originellement déchu, mais relevé de sa déchéance par un divin rédempteur; l'homme incliné au mal par nature, mais capable du bien; et perfectible par l'effort de sa volonté, combinée avec le secours divin. La philosophie du XVIIIe siècle a créé un homme imaginaire, bon, parfait, indépendant de tout frein.

La Révolution n'est pas une puissance réparatrice et bienfaisante, elle est le plus formidable levier de destruction que le monde ait jamais connu; c'est s'abuser étrangement, que de la considérer comme une transformation nécessaire de la société française, vieillie et décrépite, se rajeunissant par l'infusion d'idées nouvelles et d'éléments plus vigoureux et plus sains. Cette supposition est de tout point contraire à la vérité. Loin qu'elle ait inauguré l'ère du progrès, la Révolution a accéléré la décadence commencée au XVIIIe siècle par la chute des croyances et la dégradation des mœurs. Les sarcasmes de Voltaire, les paradoxes de Rousseau avaient profondément ébranlé l'édifice social avant 89; elle y a porté les derniers coups.

Son œuvre a été purement négative, elle n'a rien édifié.

Le principe social par excellence, c'est le principe d'autorité. On ne conçoit pas une société sans une autorité qui en relie toutes les parties, et soit armée du droit d'imposer des lois et d'en prescrire l'obéissance. L'autorité repose sur le respect, sur les croyances, sur Dieu lui-même, comme sur sa base la plus solide et la plus assurée. L'autorité vient donc de Dieu dans son essence, quoiqu'il se serve de moyens humains pour la constituer. Nier ce fait, c'est nier, dit de Maistre, que Dieu soit le créateur de l'homme, parce que nous avons tous un père et une mère.

Le principe de la Révolution, c'est la négation de toute autorité supérieure à l'homme; c'est la révolte érigée en principe de gouvernement; c'est la proclamation du peuple souverain, par conséquent l'inverse de ce principe exposé par M. Guizot : « Dieu seul est souverain et personne ici-bas n'est Dieu, pas » plus les peuples que les rois. »

C'est la négation du droit de Dieu sur sa créature, du droit du pouvoir politique sur la société, du droit du père de famille sur ses enfants, du propriétaire sur ses biens, du testateur sur son héritage; c'est, en un mot, la suppression de tous les droits, le renversement de l'ordre social tout entier.

La Révolution supprime Dieu et déifie l'homme; elle consacre l'absolutism ; le peuple souverain doit être obéi sur l'heure; ses caprices sont des lois; dans ses décisions suprêmes, il n'est tenu d'avoir égard ni à la justice ni à la raison; sa volonté de demain pouvant ne pas être celle d'aujourd'hui, c'est à d'éternels plébiscites qu'il faut sans cesse recourir.

La Révolution professe un respect hypocrite pour les majorités, et quand les majorités lui sont hostiles, elle use de violence et de ruse pour les écarter, les corrompre et les asservir à son joug abrutissant...

La Révolution a pris pour devise : Liberté, Égalité, Fraternité; elle a pollué ces mots et en a perverti le sens, au point de les rendre exécrables à tous les honnêtes gens.

Liberté religieuse, politique, civile, liberté d'association, franchises provinciales et municipales, elle a mis sur toutes sa main de fer.

L'égalité est pour elle la proscription des supériorités de toute nature : supériorités personnelles ou héréditaires, supériorités de la naissance, de l'éducation, de la vertu et du talent; supériorités qui ne sont, après tout, que la conséquence légitime du jeu régulier de la liberté. Aucune n'a trouvé grâce sous son impitoyable niveau. Aujourd'hui, de déduction en déduction, de nivellement en nivellement, ne pouvant extirper dans sa racine l'intelligence, principe de toute distinction entre les hommes, elle veut en retrancher les fruits, les signes matériels les plus palpables, les plus grossièrement évidents : la richesse, le capital, la propriété.

Dans la bouche de la Révolution, la Fraternité est un affreux contre-sens et un outrage à l'humanité; c'est à la trace du sang qu'elle a versé, aux lueurs des incendies, aux cris des victimes expirantes, au soulèvement des passions égoïstes, conspirant contre le bien public, que partout on la reconnait; c'est en forçant les peuples à vider jusqu'au bord la coupe amère des haines et des dissensions civiles qu'elle leur apprend à goûter les bienfaits de son aménité.

Le comte de Chambord ne veut pas être le roi de la Révolution, parce que la Révolution, en bâtissant en l'air ses gouvernements, en rejetant de ses constitutions l'histoire et la tradition, leur enlève les appuis et la base qui seuls peuvent leur communiquer la force et la durée.

Il ne veut pas être le roi de la Révolution, parce que, en haine de l'autorité qu'elle abhorre, la Révolution, quand elle ne peut l'abattre complétement, essaye au moins de la discréditer par ses manœuvres, d'en affaiblir le principe par des usurpations, de l'altérer par des compromis et des inconséquences qui la maintiennent nominalement, mais ne tendent à rien moins qu'à l'anéantir en réalité.

Le comte de Chambord ne veut pas de la Révolution, parce que la Révolution s'imagine faussement agrandir la liberté de tout ce qu'elle enlève à l'autorité; parce qu'elle semble ignorer que l'autorité et la liberté sont les deux éléments nécessaires de tout bon gouvernement, et que c'est de leur accord, et non de leur antagonisme, que naît la bonne administration des peuples.

Il ne veut pas de la Révolution, parce que la Révolution, c'est l'envie, c'est l'égoïsme, c'est l'intérêt individuel se dissimulant sous le masque d'un libéralisme de parade; parce que ce prétendu libéralisme est l'ennemi obstiné de la liberté; qu'il s'efforce à la fois de rabaisser au niveau de sa médiocrité toute grandeur qui le dépasse et l'offusque, et veut refouler dans l'obscurité tout mérite naissant qui surgit et dont il craint la rivalité.

Il ne veut pas être le roi de la Révolution, parce que si les gouvernements sont faits pour les peuples, il ne s'ensuit pas que le soin du gouvernement doive être remis exclusivement entre les mains d'une multitude ignorante et inepte, pas plus que constitué au profit d'une seule classe ou couche sociale empressée de relever à son profit les barrières que la Royauté a eu pour mission d'abaisser et de faire disparaître.

Il ne veut pas être le roi de la Révolution, parce que la Révolution a créé les gouvernements athées, les lois athées, les familles athées, l'éducation athée, et que l'athéisme est un poison lent qui tue les sociétés.

Henri V ne veut pas davantage être le roi des abus de l'ancien régime ; il veut être le roi de la Réforme.

Deux mouvements parallèles mais distincts, mais profondément, essentiellement différents par leur origine, par leurs principes, par leurs résultats, et n'ayant de commun que leur date, ont éclaté en 89.

L'un, salutaire, régénérateur, se proposant de transformer et non pas de détruire la société ; définissant, précisant les points sur lesquels devaient porter les réformes, les bornes qu'elles devaient atteindre, les limites qu'elles ne devaient jamais dépasser; inscrivant en tête de son programme la nécessité de la monarchie, l'adoption du gouvernement représentatif, l'adoucissement de l'inégalité trop choquante des conditions, le maintien d'une hiérarchie sociale, l'uniformité de l'impôt, l'admissibilité de tous les Français aux emplois et dignités; en un mot, un programme chrétien. Ce programme, ces projets de réforme, le cœur magnanime, l'esprit droit de Louis XVI les embrassa avec ardeur !

Mais à côté d'un élan enthousiaste pour le bien, d'un désir

sincère de réforme et de restauration politique, un autre mouvement purement révolutionnaire, nous l'avons vu, a éclaté en 89. Ce mouvement, novateur sans prudence, destructeur sans merci; érigeant la raison en souveraine et se plongeant dans l'ivresse de tous les crimes et de toutes les folies; usurpant au profit d'une assemblée factieuse l'autorité du roi et la volonté du peuple; proscrivant la religion, détruisant la monarchie, foulant aux pieds les majorités; d'usurpation en usurpation, de révolution en révolution et d'abime en abime, a conduit la France à l'humiliation de la défaite, à l'outrage d'un démembrement, au péril extrême d'une situation des plus précaires, car elle est sans passé et sans lendemain.

Entre la Réforme et la Révolution, le choix d'Henri V est fait. Poursuivre la Réforme jusque dans ses dernières et bienfaisantes conséquences; rompre avec la Révolution jusque dans ses racines les plus cachées, les plus subtiles; pacifier la France comme Henri IV; la réformer comme Louis XVI; appeler à son aide, dans cette œuvre de salut, tous les hommes de bonne volonté; établir son gouvernement d'après ces maximes, d'accord avec son peuple et avec son temps; être le roi de France et l'élu des Français! voilà le vœu, voilà le désir formel d'Henri V.

Aucune transaction n'est possible. Il faut accepter logiquement les conséquences du principe de la légitimité, ou se soumettre fatalement à celle de la Révolution.

Non-seulement Henri V est un principe, il est encore un programme, et nous mettons au défi quiconque l'aura lu et médité de ne pas le trouver conforme aux idées qu'ont exprimées, sur les problèmes compliqués de notre époque, les écrivains les plus populaires, les représentants les plus illustres et les plus autorisés de l'opinion publique.

III

Le programme du comte de Chambord, c'est la Réforme.

Ah ! si les partis qui divisent la France savaient apprécier le cœur magnanime du petit-fils d'Henri IV et de saint Louis, avec quel empressement ils appelleraient à leur aide, en qualité de conciliateur et d'arbitre, l'excellent prince qui remerciait en ces termes Berryer de l'avoir si bien compris : « Que je suis » heureux, mon cher Berryer, que vous ayez si bien exprimé des » sentiments qui sont les miens, et qui s'accordent parfai- » tement avec le langage, avec la conduite que j'ai tenus dans » tous les temps !

» Vous vous en êtes souvenu ; c'est bien là cette politique de » conciliation, d'union, de *fusion* qui est la mienne et que vous » avez si éloquemment exposée; politique qui met en oubli » toutes les divisions, toutes les récriminations, toutes les op- » positions passées, et veut, pour tout le monde, un avenir où » tout honnête homme se sente, comme vous l'avez si bien dit, » en pleine possession de sa dignité personnelle ! » (*à* Berryer, *Venise, 1851.*)

En prenant pour point de départ de sa politique la réconciliation, la fusion, Henri V est demeuré fidèle aux traditions glorieuses de sa race et de la Monarchie.

N'est-ce pas la Royauté qui, appuyée sur l'Eglise, n'a cessé de travailler à l'émancipation, à l'élévation des classes les moins favorisées de la naissance et de la fortune ? N'est-ce pas dans la Royauté que le mouvement communal a trouvé son secours le plus puissant ?

N'est-ce pas sous la sauvegarde de la Royauté que les communes affranchies ont eu hâte de placer leurs libertés nouvellement conquises ? Lorsque les intérêts rivaux de classe ou de profession entraient en lutte, qui donc s'entremettait pour les concilier? la Royauté. Sous Louis XIII, la noblesse refusait au Tiers l'accès des grades militaires, et le Tiers voulait interdire à la noblesse de faire le commerce. Le roi rendit les grades accessibles à tous les Français et permit aux nobles d'être négociants ou industriels sans déroger. « Le règne de Louis XIV, » fait observer Augustin Thierry, marque dans notre histoire le » dernier terme de ce travail de *fusion*, de subordination univer- » selle..... La succession des temps fait apparaître une suite de » rois et de ministres employant à cette grande œuvre tout ce » qu'ils ont de patriotisme et de génie. »

Ainsi, par un travail sage et persévérant, la royauté, à travers une longue suite de siècles, a réalisé une œuvre admirable de réconciliation, de fusion, d'émancipation. Le mouvement réformateur de 89, dont Louis XVI avait pris l'initiative, devait y mettre le sceau en proclamant l'égalité civile des Français devant la loi, l'admissibilité de tous aux honneurs et dignités, et l'égale répartition des impôts.

La Révolution est venue brusquement interrompre ce travail : elle a semé la haine et la discorde entre les citoyens; aux rivalités des classes, substitué les inimitiés des partis; introduit la confusion partout où la fusion, déjà si avancée, se serait établie sans secousse et par l'effet naturel du temps et des circonstances.

La Réforme telle qu'Henri V, d'accord avec la raison, veut en poursuivre l'accomplissement, ne détruit pas une hiérarchie sociale, seule compatible avec l'ordre et la liberté : « La société, a dit Frédérik Bastiat, est un ensemble de solidarités qui se croisent. » Il ne viendra à l'esprit de personne de vouloir placer sur le même échelon social le mérite et la nullité, le talent et l'incapacité, la fortune et la pauvreté. Ces nuances, ces contrastes, ces subordinations sociales ne pourront jamais cesser d'exister. On les rencontre dans le monde physique aussi bien que dans le monde moral. Mais, comme le dit très bien Bastiat, ce ne sont pas des oppositions, ce sont des harmonies.

Dans la nature, les montagnes s'élèvent au-dessus des vallées, et tandis que celles-ci leur servent de base, elles en sont à leur tour abritées contre les vents et les orages : c'est d'une source humble et cachée que naissent les grands fleuves, dont, plus tard, les plaines reconnaissantes reçoivent les trésors d'abondance et de fertilité.

Ainsi dans la société, le vieillard en s'appuyant sur le bras du jeune homme sert de guide à son inexpérience; la faiblesse de la femme trouve dans la raison de l'homme une force et un soutien; et pour l'enfant qui vient de naître, la Providence a préparé dans le sein maternel un doux asile et une source intarissable de vie.

Cessons donc de voir partout des injustices, des inégalités choquantes, des priviléges exclusifs. Aucun régime, à moins de décréter la ruine de la société, ne saurait imposer un nivellement absolu aussi contraire à la nature des choses qu'à la liberté.

Un écrivain, que ses tristes défaillances religieuses n'ont pas empêché de rencontrer parfois la vérité sur le terrain politique... M. Renan a écrit sur ce sujet les judicieuses paroles que nous citons textuellement :

« On a beau vouloir supprimer comme un abus les distinctions de la naissance et du rang, prétendre que tous les hommes apportent en naissant un même droit à la fortune et aux rangs sociaux; un tel état de choses, juste en apparence, serait la fin de toute société; ce serait la guerre entre les deux sexes, puisque la nature crée là, au sein même de l'espèce humaine, une différence de rôle indéniable. La bourgeoisie trouve juste qu'après avoir supprimé la royauté et la noblesse héréditaires, on s'arrête devant la richesse héréditaire; l'ouvrier trouve juste qu'après avoir supprimé la richesse héréditaire, on s'arrête devant l'inégalité de sexe, et s'il est un peu sensé, devant l'inégalité de force et de capacité... et pourtant, il n'est pas plus juste que tel individu naisse riche, qu'il n'est juste que tel individu naisse avec une

« distinction sociale ; l'un n'a pas, plus que l'autre, gagné son » privilége par un travail personnel et par un mérite qui puisse » lui être attribué en propriété. La propriété, il faut bien en » convenir, est-elle autre chose qu'un privilége accordé par » Dieu à l'un plutôt qu'à l'autre, par le seul hasard de la nais- » sance ? »

« Dans la société primitive, dit l'auteur de l'introduction » à l'*Histoire de la Philosophie* (*), tous les hommes sont né- « cessairement inégaux par leurs besoins, leurs sentiments, » leurs facultés physiques, intellectuelles et morales. Mais devant » l'Etat, qui ne considère les hommes que comme des per- » sonnes libres, tous les hommes sont égaux, la liberté étant » égale à elle-même et le type unique de l'égalité qui, hors de » là, n'est qu'une ressemblance, par conséquent une inégalité. »

M. Royer-Collard, spécifie ces inégalités sociales : « Elles ré- » sultent, dit l'éminent et libéral publiciste, des supériorités de » tout genre : de la gloire, des services rendus à l'État, de la » propriété et de la richesse à ce point où elle est une force, des » illustrations de naissance, car, je veux le dire en ce jour, » ajoute cet éminent penseur (c'était au lendemain de 1830), un » nom historique est une grandeur, et le respect de la gloire » prend sa source dans de nobles sentiments. » M. Guizot n'est ni moins affirmatif, ni moins précis : « Les diversités matérielles » et morales, naturelles et historiques, persisteront toujours par- » mi nous : il y a et il y aura toujours parmi nous de grands, » de moyens et de petits propriétaires, de grands noms anciens » et nouveaux, et des noms obscurs admis à devenir grands, » s'ils le méritent, mais qui, tant qu'ils n'ont pas fait leur preuve, » ne sont pas les égaux des grands noms (**). »

En regard des idées de MM. Cousin, Royer-Collard et Guizot sur l'égalité civile et l'inégalité sociale, plaçons maintenant les propres pensées du comte de Chambord : il écrit à M. Pépin

(*) Cousin.
(**) Guizot. *Trois générations*, page 209.

Le Halleur : « La France sait bien que si Dieu me rappelle sur le trône de mes pères, elle me verra empressé de rallier autour de moi tous les hommes d'intelligence et de capacité, d'honneur et de dévouement, pour mettre un terme à ses maux et assurer son avenir. »

A ceux qui l'accusent de ne pas tenir compte des changements effectués depuis 89, il répond : « qu'exempt de préjugés, » loin de se renfermer dans un esprit étroit d'exclusion, il s'ef- » forcera de faire concourir tous les talents, tous les caractères » élevés, toutes les forces intellectuelles de tous les Français, à » la prospérité et à la gloire de la France..... » Et il ajoute : « Je connais les intérêts nouveaux qui de toutes parts se sont » créés en France, et le rang social que se sont légitimement ac- » quis l'intelligence et la capacité. »

Ses libérales volontés sont nettement formulées dans les paroles suivantes :

« Loin de repousser personne, je serai heureux, au contraire, » d'accueillir tous les hommes utiles, dans quelque position » politique qu'ils se soient trouvés, à quelque nuance d'opinion » qu'ils aient appartenu, pourvu qu'ils apportent au service de » l'Etat un zèle éclairé et un véritable dévouement. »

Avec les hommes éclairés de son temps, le comte de Chambord désire voir s'établir une hiérarchie flexible, par conséquent opposée à l'immobilité de la caste, ouverte à tous les genres de mérite et de distinction. Le fragment d'une de ses lettres sur la décentralisation en sera une preuve convaincante et irréfragable :

« Quel moyen plus puissant et plus en harmonie avec nos » mœurs et les faits contemporains, pour établir à la longue au » milieu de nous une hiérarchie naturelle, mobile et, par con- » séquent, conforme à l'esprit d'égalité, c'est-à-dire de justice » distributive, qui est aussi nécessaire au maintien de la liberté » qu'à la direction des affaires publiques. Multiplier et mettre » à la portée de chacun les occasions d'être utile en se consa-

» crant, selon ses facultés, à l'administration des intérêts com-
» muns; faire que les rangs dans la société soient distribués
» suivant les capacités et les mérites; entretenir par un concours
» incessant l'émulation du dévouement, de l'intelligence et de
» l'activité dans les carrières constamment ouvertes à tous, et
» arriver ainsi à ce que l'influence et les distinctions se perpé-
» tuent avec les services rendus: c'est là ce qu'on peut légiti-
» mement se promettre de la décentralisation. »

Nous demandons pardon au lecteur de ces nombreuses citations; elles étaient nécessaires pour prouver combien le comte de Chambord est de son siècle et appartient à la France moderne par ses idées et ses aspirations.

On a dit encore et on semble craindre qu'Henri V ne soit que le roi d'un parti; les citations précédentes suffiraient pour démentir une assertion aussi peu fondée, Mais une solennelle déclaration, celle du 8 mai 1871, lève tous les doutes à cet égard :

« Je ne suis pas un parti, et je ne veux pas revenir pour ré-
» gner par un parti; je n'ai ni injure à venger, ni ennemis à
» écarter, ni fortune à refaire, sauf celle de la France, et je
» puis choisir partout les ouvriers qui voudront loyalement s'as-
» socier à ce grand ouvrage.

» J'appelle tous les dévouements, tous les esprits éclairés,
» toutes les âmes généreuses, tous les cœurs droits, dans quel-
» ques rangs qu'ils se trouvent, et sous quelque drapeau qu'ils
» aient combattu jusqu'ici, à me prêter l'appui de leurs lumières,
» de leur bonne volonté. »

Certes, le comte de Chambord a dû recommander à ses amis de maintenir intact le principe de la monarchie traditionnelle, et la génération future, en possession de ses bienfaits, devra vouer sa reconnaissance aux hommes généreux qui en auront conservé le dépôt; mais en même temps qu'il leur faisait un devoir d'être fidèles, Henri V ne cessait de les exhorter à ne pas se désintéresser du présent, à se mêler activement au mouvement de leur époque, à se préparer par l'étude sérieuse de l'histoire, du droit et des lois, des questions économiques et sociales, à prendre part aux rudes combats de l'esprit et aux luttes politiques de l'avenir.

Ce que demande l'opinion publique, ce qu'elle exige impérieusement, Henri V le demande avec les mêmes instances.

L'opinion publique ne s'attache-t-elle pas à mettre partout en relief le mérite personnel? Dans la distribution des fonctions publiques, n'est-ce pas le savoir et la vertu qu'elle recherche principalement et s'efforce de découvrir, au sein de l'obscurité la plus profonde, pour les placer au faite de la gloire et des grandeurs? Le descendant d'une illustre race, qui vante les hauts faits de ses aïeux sans savoir les imiter, n'est à ses yeux qu'un objet ridicule. Le droit sacré de propriété empêche de le priver de ses richesses, de ses titres, mais son influence, sa considération, seront absolument nulles. Tel est le jugement de l'opinion publique; écoutons maintenant celui d'Henri V :

« Je regarde comme un devoir de repousser avec fermeté tout » ce qui me paraît porter l'empreinte de la passion et avoir le » caractère de l'injustice. Je lis, dans une des lettres que vous » m'envoyez, qu'il faut porter un titre pour être bien reçu de » moi. C'est là une odieuse calomnie que je repousse avec » indignation. Si elle se trouvait sous la plume d'un ennemi, je » m'en affligerais, mais je pourrais ne pas m'en étonner; mais » qu'elle me vienne d'un homme qui se dit royaliste et dévoué, » c'est inexplicable. A Londres comme à Rome, comme par- » tout où j'ai eu le bonheur de rencontrer des Français, je les » ai tous accueillis avec empressement, sans distinction de » rangs, de classes, de conditions, ni même d'opinions . . .
» . . . .
» . . . . Je l'ai dit et je le répète, » si jamais la Providence m'ouvre les portes de la France, je » ne veux pas être le roi d'une classe ni d'un parti, mais le roi

« de tous. Le mérite et les services seront les seules distinctions à mes yeux. »

Nous croyons avoir tout dit, et de plus amples développements seraient superflus. La conviction est déjà faite ou elle ne le sera jamais. Sans sacrifier à un culte anti-rationnel de l'égalité, les supériorités de la naissance, de la gloire ou de la fortune, est-il besoin d'affirmer avec M. Laurentie que la grande noblesse moderne est la noblesse de l'éducation? L'éducation a un rôle plus dificile, plus élevé à remplir que l'instruction. Ne doit-elle pas créer l'homme véritablement supérieur, l'homme qui, par son caractère, ses principes, la distinction de ses manières, les hautes aptitudes d'une intelligence cultivée et d'une âme pleine de noblesse, est capable d'imprimer à ce qui l'entoure une impulsion décisive pour le bien, de dominer le mouvement des idées, en un mot, de se placer à la tête de la civilisation et de former l'aristocratie réelle des peuples civilisés?

Notre pays n'est pas tellement déshérité qu'il ne possède des hommes fort capables de composer cette élite sociale. C'est sur eux que le comte de Chambord s'appuiera. C'est à eux qu'il dit, dans un de ses derniers manifestes : « Croyez-le bien, je serai « rappelé non-seulement parce que je suis le droit, mais parce « que je suis l'ordre, parce que je suis la réforme, parce je suis « le fondé de pouvoirs nécessaires pour mettre à sa place ce qui « n'y est pas et gouverner avec la justice et les lois dans le but « de réparer les ruines du passé et de préparer l'avenir. »

Le péril de la situation, c'est la division des classes dirigeantes de la nation. « Il y a danger social, dit M. Guizot, quand, « en présence de l'ascendant des masses populaires, les classes « influentes se combattent au lieu de s'entr'aider à se soutenir. »

Il est urgent que les hommes naturellement influents par leurs lumières, leurs relations, leurs fortunes soient unis. Leur trait d'union, c'est la royauté légitime. Seule, la royauté est un principe devant lequel les prétentions individuelles peuvent et doivent s'incliner sans que les amours-propres aient à souffrir.

IV

La reconnaissance de la royauté légitime est-elle en opposition avec la liberté que personne ne dénie à la France de choisir la forme de son gouvernement? Le droit d'Henri V est-il en contradiction avec le droit national? Est-il limité ou absolu?

C'est en répondant à ces diverses questions que nous espérons dissiper les ombrages, les méprises, les défiances qui obscurcissent un point sur lequel aucun doute ne peut exister.

Certes, ce n'est pas Henri V qui refuse de reconnaître le libre arbitre de la France; la première phrase de son manifeste du 9 octobre 1870 lui rend, au contraire, un éclatant hommage : « Vous êtes, de nouveau, maîtres de vos destinées, dit-il aux Français. »

Ce droit d'Henri V quel est-il? C'est le droit national. Où prend-il sa source? Il prend sa source dans la loi fondamentale du royaume, loi délibérée, consentie solennellement, au début de la dynastie, par le peuple français; loi de la monarchie qui a la légitimité pour base, l'hérédité pour lien; loi confirmée de nouveau à la mort d'Henri III, énergiquement consacrée par le suffrage populaire dans tous les moments de péril et de crise, loi enfin proclamée hautement, en 89, par six millions de voix!

A qui pense-t-on en faire accroire, lorsqu'on feint de ne le rattacher qu'à une origine obscure, mystique, ridicule, à le vouer aux railleries de la sottise et de la frivolité sous le nom de droit divin? Toute puissance, toute autorité vient de Dieu, sans aucun doute; mais, en vérité, il serait aussi absurde de prétendre que le peuple, parce qu'il a le dépôt de la souveraineté, en l'absence de tout gouvernement régulièrement constitué, en possède la source originelle, qu'il serait absurde de penser qu'un homme a en lui le principe de l'être, de la vie, parce qu'il en transmet le bienfait.

La France est donc libre de suivre les inspirations de la folie, ou les conseils de la sagesse, dans le choix d'un gouvernement, mais elle ne peut changer les lois immuables de la logique. Si elle veut la république, soit ; mais si elle préfère la monarchie, la monarchie héréditaire, c'est son représentant, c'est Heni V qu'elle doit proclamer. En dehors du principe de la légitimité, on n'aurait qu'une fiction de monarchie, on ne sortirait pas des réalités d'anarchie ou de despotisme, or le fait de 1830, que je ne qualifie pas autrement, est-il *oui* ou *non* en dehors, ou si on l'aime mieux, à côté de la légitimité? S'il est en dehors, ce dont il n'est pas possible de douter, si ce déraillement est, de l'aveu des hommes impartiaux, la cause de nos maux, il faut rentrer dans la voie ; le moyen unique d'y rentrer, c'est la légitimité.

Donc, le droit d'Henri V se confond avec le droit de la France, donc, il ne contredit pas son pouvoir constituant. La France est libre de répudier le droit monarchique, héréditaire, traditionnel, national, elle ne l'est pas de le mutiler, de l'amoindrir, de le plier à des exigences qui en seraient la destruction totale. Le droit d'Henri V est un principe. Un principe s'impose, il ne se discute pas, il est plus fort que les volontés humaines, il a l'éclat et la solidité du diamant, il faut le briser ou fermer les yeux pour ne pas être illuminé de sa clarté. La logique est inexorable, elle ne se prête à aucune concession ; voilà pourquoi Henri V, représentant du principe de la légitimité, est obligé d'en maintenir l'intégrité et d'en conserver intact le dépôt.

La légitimité a ses racines dans les profondeurs de notre histoire, et sa cause dans l'utilité commune. On le reconnaît, puisqu'on veut la déplacer et non pas la détruire. Une des raisons de ce déplacement, c'est que le règne d'Henri V serait le règne de l'absolutisme.

L'absolutisme ! voilà le grief qu'une inconcevable légèreté adresse au comte de Chambord ! Etre roi absolu, vouloir octroyer à la France une constitution fabriquée tout d'une pièce à Frohsdorf : voilà le fantôme qui se dresse devant l'imagination effrayée d'une foule de gens timides et irréfléchis !

Ces mêmes Français, si pleins de défiance contre le prétendu absolutisme d'Henri V, n'ont pas hésité à se soumettre depuis un siècle à tous les essais de gouvernement, à toutes les expériences constitutionnelles qu'il a plu à des empiriques de leur imposer! Ils se sont laissé prendre à toutes leurs jongleries, qui n'ont abouti qu'à des perturbations sociales, à la dévastation du monde et à l'envahissement du pays!

Henri V fait-il acte d'absolutisme en demeurant fidèle au principe de la légitimité? mais c'est ce principe qui fait sa force; sans ce principe il ne serait rien.

A-t-il fait acte d'absolutisme en déclarant que : « Les dépenses publiques doivent être sérieusement contrôlées, le règne des lois assuré, les libertés religieuses et civiles consacrées et hors d'atteinte; l'administration intérieure dégagée des entraves d'une centralisation excessive; que chacun doit avoir un libre accès aux emplois et aux honneurs; et qu'enfin, l'honnêteté sera la base de son gouvernement. »

A-t-il fait acte d'absolutisme en écrivant aux confidents les plus intimes de sa pensée, à M. le duc de Lévis, à M. Berryer, les nobles paroles que nous citons textuellement :

« Mon unique ambition serait de donner à ces principes toutes » les garanties qui leur sont nécessaires par des institutions » *conformes aux vœux de la nation, et de fonder, d'accord* » *avec elle*, un gouvernement régulier et stable, en le plaçant sur » la base de l'hérédité monarchique et sous la garde des libertés » publiques à la fois fortement réglées et loyalement respectées.»

Quoi! c'est au lendemain de nos cruels mécomptes, c'est après les dures leçons de l'expérience, c'est quand, maître de ses destinées, le peuple français est libre de les régler à son gré, qu'un homme serait assez téméraire pour oser entreprendre de tromper de nouveau la France; de lui imposer, par la ruse ou la violence, une constitution d'emprunt, étrangère à son histoire, opposée à ses mœurs, antipathique à ses goûts, et cet homme, rempli d'astuce et d'audace, de folles, de criminelles intentions, ne serait autre que le comte de Chambord, ce prince magnanime qui, dans des termes empreints d'une patriotique douleur, signalait les funestes effets du pouvoir absolu :

« On dit que je prétends me faire décerner un pouvoir sans » limite. Plût à Dieu qu'on n'eût pas accordé si légèrement ce » pouvoir à ceux qui, dans les jours d'orage, se sont présentés » sous le nom de sauveurs : nous n'aurions pas la douleur de » gémir aujourd'hui sur les maux de la patrie! »

Quoi! au dessein prémédité de se revêtir d'un pouvoir absolu, Henri V joindrait l'hypocrisie du langage! Cet amour ardent des libertés publiques, ce désir cent fois exprimé de voir fleurir, dans toute sa sincérité, le gouvernement représentatif, de considérer le mérite et la capacité comme la seule mesure de l'estime qui doit être accordée à chacun : tous ces vœux, toutes ces paroles loyales, toutes ces assurances répétées, presque à chaque ligne de sa correspondance, ne seraient que d'affreux mensonges! que des piéges tendus à la crédulité naïve de ses partisans !

Qu'on se rassure, le représentant de la légitimité ne sera pas le représentant de l'absolutisme; et ce n'est pas de lui que viendra l'obstacle qui empêche la France de jouir des libres et fortes institutions politiques que, d'accord avec elle, il est impatient de fonder.

V

Nous avons vu qu'Henri V ne pouvait pas être le roi de la Révolution; qu'il ne serait pas davantage le roi d'une classe ou d'un parti; il nous reste à examiner les bases de son gouvernement.

Le gouvernement d'Henri V, c'est la monarchie légitime et représentative.

« Dépositaire du principe fondamental de la monarchie, je « sais que cette monarchie ne répondrait pas à tous les besoins « de la France, si elle n'était en harmonie avec son état social, « ses mœurs, ses intérêts, et si la France n'en reconnaissait et « n'en acceptait avec confiance la nécessité. Je respecte sa civilisa- « tion et sa gloire contemporaine autant que les traditions et « les souvenirs de son histoire.

« Comment ne pas voir aujourd'hui, écrivait le prince à « M. Pépin Le Halleur, en 1861, après tant de mécomptes et « d'essais imprudents, que la monarchie traditionelle, appuyée « sur le droit héréditaire et consacrée par le temps, peut seule « rendre au pays, avec un gouvernement régulier et stable, cette « sécurité de tous les droits, cette garantie de tous les intérêts, « cet accord nécessaire d'une autorité forte et d'une sage liberté, « qui sont les plus solides bases de l'ordre public et les plus « sûrs gages du bonheur des peuples? »

Le gouvernement d'Henri V n'est donc pas la monarchie absolue; c'est la monarchie représentative.

Mais pourquoi Henri V ne parle-t-il pas de la monarchie constitutionnelle? Y a-t-il contradiction entre ces deux termes: constitutionnel et représentatif? Quel est le motif qui lui fait adopter l'un préférablement à l'autre, pour désigner la forme de son gouvernement?

Nous allons essayer d'expliquer cette apparente contradiction.

Nous nous permettrons d'abord de faire observer que tout gouvernement représentatif est constitutionnel car, dans le sens propre et littéral, constitutionnel, veut dire constitué d'après des règles fixes et des lois fondamentales; en ce sens, la république fédérative des Etats-Unis d'Amérique est tout aussi bien un gouvernement constitutionnel que la monarchie anglaise; par conséquent, en se servant du mot représentatif, loin de répudier la monarchie constitutionnelle, Henri V se sert du terme le plus exact pour la désigner.

Mais il faut bien le dire, le mot constitutionnel a été détourné de son vrai sens par une école qui s'intitule libérale et n'est qu'inconséquente. Il importe donc d'effacer les équivoques, les malentendus qui pourraient naitre de cette fausse interprétation.

Des théoriciens ont, en effet, affecté de ne concevoir la monarchie constitutionnelle qu'en faussant un des rouages principaux qui la constitue. Ils veulent conserver la monarchie et supprimer le roi. En enlevant au pouvoir royal ses justes prérogatives, en ne laissant au roi qu'un titre purement nominal et honorifique, ils ne se sont pas aperçus qu'ils ébranlaient la clef de voûte de l'édifice monarchique; que l'équilibre qui doit nécessairement exister entre les pouvoirs constitutionnels était ainsi détruit; que la royauté était l'échappement naturel qui les empêchait de s'entre-choquer; qu'enfin, ce n'est pas agrandir le champ de la liberté que de saper les bases de l'autorité; et que c'est de l'accord et non de l'antagonisme de l'autorité et de la liberté que nait la saine politique, la juste pondération des gouvernements représentatifs.

On revient aujourd'hui sur cette altération du mécanisme constitutionnel; d'impitoyables logiciens en ont révélé le péril. Armés du faux principe posé par l'école prétendue libérale, ils en ont tiré les inévitables conséquences; car on n'échappe pas aux conséquences d'un principe; ils ont dit : Vous voulez que le roi règne et ne gouverne pas, que des ministres lui imposent leurs volontés, et qu'enfin ceux-ci soient les très humbles serviteurs d'une majorité que vous aurez formée à votre gré; en réalité, c'est le règne d'une oligarchie que vous voulez substituer à celui de la royauté représentative et constitutionnelle. Cet arrangement, auquel nous n'avons pris aucune part, ne nous plait pas. Ces barrières, que votre égoïsme a élevées arbitrairement sur le terrain électoral, pour nous en interdire l'accès, nous les briserons. Au règne d'une oligarchie bourgeoise doit succéder celui d'une démocratie radicale. La Chambre, désormais, obéira aux électeurs, et les députés recevront du peuple, seul souverain légitime, un mandat impératif, révocable à toute heure et au moindre signe de sa volonté.

La souveraineté du nombre, le règne de la rue, tel est le dernier terme où conduit directement le principe faussement libéral de la domination absolue des majorités parlementaires.

La vérité ne réside ni dans les subtilités d'une école faussement appelée libérale, ni dans les exagérations d'un radicalisme pur; elle est dans un juste milieu.

La monarchie constitutionnelle ne peut être la domination exclusive d'une classe ou d'une caste quelconque; pas plus d'une caste nobiliaire que d'une caste bourgeoise; pas plus de celle-ci que de la multitude : elle est le gouvernement des grands Pouvoirs de l'Etat, unis entre eux, et s'appuyant sur le concours du pays tout entier.

La monarchie constitutionnelle est une pyramide dont la représentation nationale forme la base, et la royauté le sommet.

M. Guizot en a très bien compris les rouages et le mécanisme délicat :

« A quoi bon, dit-il, conserver la royauté en 1791, pour » en faire la servante impuissante d'une assemblée souve- » raine. On aura beau dire : le roi règne et ne gouverne pas, » on ne fera pas que le roi qui règne ne soit qu'un automate » dans le gouvernement... Les ministres auront toujours à dis- » cuter, à traiter avec le roi, et dans toute délibération, dans » toute affaire, l'homme dont le concours est nécessaire exerce » naturellement une part d'influence; mais le devoir de cette » personne royale, — car toute personne, si haut placée soit- » elle, a des devoirs, — c'est, dans un gouvernement constitu- » tionnel, de gouverner d'accord avec les autres grands pouvoirs » de l'Etat. »

Nous dirons à peine un mot d'une école, qui ne comprend la monarchie constitutionnelle qu'avec la charte de 1830; qui ne voit aucun progrès à réaliser au delà, et rien qui puisse avoir eu quelque valeur en deçà. Notre impartialité ne nous interdit pas de reconnaître le bien opéré sous le gouvernement de Louis-Philippe, l'essor donné aux grands travaux publics, le legs précieusement recueilli de la conquête d'Alger; mais quel homme sensé consentirait à voir l'idéal de la perfection dans la loi militaire de 1832, le cens électoral à 200 francs, la loi sur la garde nationale et d'autres dispositions qui peuvent avoir eu leur raison d'être, mais sont devenues fort insuffisantes pour les besoins actuels du pays.

Quel est l'homme de bonne foi qui se refuse à avouer que les limites entre lesquelles se mouvaient certaines libertés sous Louis-Philippe étaient par trop restreintes, et que c'est avec raison que la Chambre actuelle s'occupe de les agrandir. Telles sont les libertés d'associations, les libertés du commerce, de l'enseignement, les libertés décentralisatrices, et d'autres libertés préexistantes aux droits des gouvernements et complémentaires de tout bon régime représentatif.

Tel est l'avis des esprits les plus libéraux, notamment de M. Desmarets, bâtonnier des avocats de Paris : « Il ne s'agit « pas, disait-il en 1830, de détruire l'unité : il s'agit au contraire « de la fortifier en lui donnant une base plus large. La Révolution « française a réalisé pour les droits abstraits de l'individu les « plus grandes et les plus précieuses conquêtes ; mais, en haine « et par peur des priviléges, elle a hésité à constituer des grou- « pes, à remplacer les corporations par des associations libres, « et elle a délibérément écarté de son chemin les forces collec- « tives intermédiaires, sans lesquelles il ne saurait y avoir de « liberté stable, parce qu'il ne saurait y avoir de liberté coor- « donnée. »

. . . .

« La vieille France ne doit plus faire peur à la nouvelle. Dans « cette coexistence de la force centralisatrice et de la force fédé- « rative, qui ne sont contradictoires qu'en apparence, se trou- « vera pour l'avenir le point de jonction entre deux principes « également conciliables entre eux, quoi qu'on en puisse dire :

« le principe de conservation et le principe de progrès. »

Nous nous bornerons à reproduire les passages de la correspondance du comte de Chambord relatifs à la liberté religieuse, à la liberté des associations ouvrières et à la liberté d'enseignement. Son esprit, éminemment libéral, s'y montre à la hauteur de toutes les nécessités sociales de notre temps.

Liberté religieuse :

« Non, assurément, mon cher Rainneville, ni l'Eglise catholi-« que, ni la monarchie traditionnelle, ne sont hostiles aux doc-« trines de tolérance et de liberté, et loin d'être les ennemies « de tout progrès bien entendu, elles en ont souvent pris la « sage initiative et toujours favorisé le salutaire développement. « Il est utile de rappeler cette vérité à ceux qui l'oublient. »

Liberté d'enseignement :

« Est-il besoin d'insister longuement sur l'importance sociale « de la grande question de l'enseignement? Qui ne reconnaît « qu'un des plus sûrs moyens de remédier aux maux présents « de la France et de lui préparer un meilleur avenir, c'est de « pourvoir à l'éducation religieuse et morale de la jeunesse, sur « laquelle reposent les plus chères espérances de la patrie?

« La famille et l'Etat ont un égal intérêt à ce que l'éducation « à tous les degrés jouisse pleinement de l'indépendance qui lui « est nécessaire pour former dans tous les rangs de la société « d'honnêtes gens, des Français dévoués, de vrais chrétiens. « Mais il n'y a que la liberté qui puisse produire ces heureux « résultats. »

Liberté des associations ouvrières :

« A l'individualisme, opposer l'association ; à la concurrence « effrénée, le contre-poids de la défense commune ; au mono-« pole industriel, la constitution volontaire et réglée des corpo-« rations libres. Il faut rendre aux ouvriers le droit de se con-« certer, en conciliant ce droit avec les impérieuses nécessités « de la paix publique, de la concorde entre les citoyens et du « respect des droits de tous.

« En un mot, ce qui est démontré, c'est la nécessité d'asso-
« ciations volontaires et libres des ouvriers pour la défense de
« leurs intérêts communs. »

Ces citations nous dispensent de tout commentaire.

Le programme d'Henri V est connu ; nous pouvons sans crainte proclamer avec lui cette grande vérité : « Hors de la monarchie « héréditaire il n'y a ni repos, ni grandeur, ni prospérité durable « pour le pays, condamné par une nécessité fatale à passer in- « cessamment de la licence à l'oppression, de l'anarchie au des- « potisme ; et c'est uniquement à l'ombre du principe tutélaire « de la royauté traditionnelle que peut se réaliser l'alliance si « désirée d'une autorité forte et d'une sage liberté.

VI

Dès le 17 mai 1791, Duport disait à la tribune : « Le véritable « danger, encore caché sous le nuage de l'opinion, mais déjà « profond et étendu, c'est la divagation des idées politiques et « le défaut d'un centre commun, d'un intérêt national qui les « attire et qui les unisse.....

« .... les hommes ne veulent plus obéir aux anciens des- « potes, mais ils sont prêts à s'en faire de nouveaux et dont la « puissance plus récente et plus populaire serait mille fois plus « dangereuse. »

Ces prévisions, si tristement réalisées en 1792 et 1793, ne s'appliquent-elles pas à notre temps ? La République soi-disant conservatrice est-elle le centre commun, qui attire les idées et rassure les esprits ? Le gouvernement républicain de nom et personnel de fait qui nous régit ne repose-t-il pas sur la tête d'un homme, d'un vieillard ? Cet homme n'use-t-il pas son talent à concilier ce qui est inconciliable, l'ordre et le désordre, l'anarchie représentée par la gauche et la monarchie qui a pour représentants la droite et le centre droit ? Cet état contre nature peut-il durer longtemps ? Ne faudra-t-il pas revenir à la Monarchie ? La Monarchie n'est-elle pas le grand intérêt national dont parle Duport, seul capable d'attirer et d'unir les esprits ? Le représentant de la Monarchie n'est-il pas Henri V ? Son droit ne procède-t-il pas de l'histoire et de la volonté nationale ? La Monarchie, comme l'a dit admirablement le prince lui-même : « C'est la « maison royale de France, indissolublement unie à la nation. » N'est-ce pas au maintien du droit monarchique que la France a dû trois fois son indépendance et son salut ? Le seul moyen de ne pas refaire 1830, c'est de refaire la légitimité ; l'abdication d'Henri V serait le voile à peine déguisé d'une usurpation de famille. Ce serait retomber dans l'ornière de la Révolution ; ce serait resserrer au lieu de dénouer le nœud de toutes les difficultés.

La loyauté des princes d'Orléans repousserait d'ailleurs ce moyen détourné et furtif de parvenir au trône ; un de leurs plus fidèles amis se porte garant de leur parfait désintéressement à cet égard :

« Ceux qui ont eu l'honneur d'approcher les princes d'Or- « léans, dit M. Crugy, leur ont toujours entendu dire qu'ils ne « voulaient à aucun prix être accusés de faire entrer leur intérêt « personnel dans la balance où se pèsent les destinées du pays.... ; « que dans le cas où la Monarchie devrait se rétablir en France « sur l'entente des partis monarchiques, ils ne mettraient en « avant aucune prétention personnelle. »

Dans cette question, les princes d'Orléans sont donc personnellement hors de cause. Mais n'invoquer en faveur de l'abdication que la nécessité de céder à des préventions, à des préjugés populaires, c'est d'avance s'avouer vaincu. L'histoire de l'humanité n'est-elle pas l'histoire des luttes sans cesse renouvelées de la vérité contre l'erreur et les préjugés, du droit contre le fait, et du triomphe définitif de la justice sur l'iniquité ?

L'imagination grossit démesurément le nombre et la force des obstacles qui s'opposent au retour d'Henri V. Ils n'existent pas en réalité. Le devoir de tous les honnêtes gens est de les aplanir et non de les augmenter.

D'où viendraient ces obstacles?

D'Henri V? son programme est celui de la France, son droit n'est pas contesté.

Des princes d'Orléans? leur désintéressement est avoué, leur désir d'union ne peut être soupçonné de manquer de sincérité.

De la difficulté de s'entendre sur la question d'hérédité? cette loi est fixée depuis longtemps; son utilité universellement reconnue. M. Thiers n'a-t-il pas dit :

« On pourrait être tenté d'appeler privilége la Royauté héréditaire, car c'est le gouvernement du pays remis aux mains d'une famille, quels que puissent être les derniers descendants du souverain. Mais c'est évidemment le sentiment de l'unité nationale qui a fait constituer la royauté héréditaire. » C'est le sentiment des dangers qui nous menacent et l'espoir de les éviter qui nous y ramèneront.

Le peuple est dit-on hostile à Henri V; mais le peuple a plus de versatilité que de constance dans ses affections. Hier, il acclamait Napoléon et l'Empire; aujourd'hui c'est M. Thiers et la République; demain ce sera la nouvelle idole que la fortune aura élevée sur le pavois. Il faut toujours au peuple français un homme, un nom, qui excite son enthousiasme et corresponde à ses sentiments; il est monarchique, tout en se croyant républicain; conservateur par nature, il n'est séditieux que par accident; que les princes d'Orléans, que les classes dirigeantes s'unissent pour constituer la Monarchie légitime, demain le peuple acclamera Henri V, parce qu'Henri V sera pour lui le gage évident de la paix, de l'union et de la prospérité.

Les obstacles au retour de la légitimité ne peuvent venir des partis : le comte de Chambord a promis de n'en adopter aucun, et il tiendra parole :

« Je ne suis point un parti, et je ne veux pas revenir pour » régner par un parti ».

Ils ne viendront pas de la démocratie.

M. Beaudrillard résume excellemment la pensée d'Henri V et de la France à ce sujet :

« Si la démocratie, dit-il, condamne des monopoles exclusifs » et des priviléges au profit d'une seule classe, elle ne saurait, » sans se découronner elle-même, répudier cette aristocratie » naturelle qui naît des lumières, des services rendus, et se » recrute en général parmi toutes les supériorités que la société » reconnaît et consacre? »

Aucun obstacle ne s'opposant à la reconnaissance de la monarchie légitime, Henri V étant son représentant, notre intérêt suprême nous faisant un devoir de sortir de l'état d'incertitude qui encourage toutes les mauvaises passions, ne négligeons aucun des moyens que conseille la prudence dans la grande affaire de notre reconstitution nationale, mais préparons les voies au retour du grand prince qui a écrit : « Que son règne ne » saurait être la ressource ou l'œuvre d'une intrigue, ni la do- » mination d'un parti. »

PRINCES D'ORLÉANS!

On dit que sur son lit de mort, le roi votre père vous adressa une solennelle recommandation : des événements douloureux et inattendus créaient pour vous une situation nouvelle et des devoirs nouveaux. Cette situation et ces devoirs, la haute sagesse du roi Louis-Philippe les envisageait sous leur véritable jour. Il vous disait : « Le 9 août 1830, je n'ai pu me refuser à « accepter un trône que l'on m'offrait au nom d'une nécessité « suprême ; mais aujourd'hui, une nécessité plus grande, des « périls plus imminents, un intérêt plus sérieux, vous imposent « l'obligation étroite de reconnaître pour roi le chef de notre « Maison. »

Princes! demain, peut-être, il ne sera plus temps d'accomplir ce vœu, dicté par une auguste prévoyance et un dévouement éclairé pour la France et pour vous.

Loin de moi la pensée de répandre du fiel sur une blessure que mon patriotisme voudrait guérir! Mais il ne peut vous dissimuler, princes, qu'on vous flatte et qu'on vous trompe lorsqu'on vous dit qu'en dehors du droit tout n'est pas variable, inconsistant, précaire ; que 1830 a créé pour vous des droits, et a été autre chose qu'un simple fait ; qu'enfin, ce fait lui-même n'a pas été effacé ou amoindri par d'autres impressions. On vous trompe lorsqu'on veut soumettre à des caprices individuels, à des calculs égoïstes, l'ordre et la règle d'une hérédité qui a été établie par la volonté nationale, et dont les vicissitudes ne peuvent dépendre que de la volonté de Dieu.

On vous trompe, lorsqu'on vous dit que le lien de l'hérédité n'est pas votre force; que le dernier anneau de la royauté légitime, se brisant entre vos mains dans la personne d'Henri V, vous pourrez ressaisir la chaîne de la légitimité perdue. On vous trompe lorsqu'on affirme que l'arbre de la légitimité dont 1830 a voulu tarir la sève, verrait refleurir ses rameaux après que le tronc aurait été desséché.

D'ailleurs 1830 n'est pas l'astre unique levé au zénith des dynasties nouvelles! 1804 à l'aurore du siècle, 1852 à son midi, en ont devancé, peut-être même éclipsé l'éclat, et s'il s'agissait uniquement de compter les suffrages, 6 millions de voix l'emporteraient certainement sur 100 mille censitaires, représentés par 280 députés!

Mais Dieu veuille écarter ces présages!

Le nœud de la difficulté n'est ni dans l'examen d'un fait, ni dans les chances plus ou moins probables d'un succès, ni dans le nombre plus ou moins grand de suffrages exprimés, sous l'empire de la nécessité ou de la peur; il est tout entier dans le droit.

A vous, princes, l'honneur et le devoir de délier pacifiquement le nœud gordien de notre situation politique. A vous, de faire comprendre à la France que la monarchie constitutionnelle ne peut être constituée sans le roi, et que le principe conservateur de la monarchie est aussi le gardien le plus sûr de nos libertés.

Bordeaux. — Imprimerie Nouvelle A. Bellier, 16, rue Cabirol.

www.ingramcontent.com/pod-product-compliance
Ingram Content Group UK Ltd.
Pitfield, Milton Keynes, MK11 3LW, UK
UKHW020951220726
13924UKWH00002B/632